예수께서
선포하신

그복음

THE GOSPEL OF JESUS CHRIST
by Paul Washer

Copyright ⓒ 2016 by Paul Washer
Originally published in English under the title *The Gospel of Jesus Christ*
This Korean edition is translated and used by permission of Reformation Heritage Books
through arrangement of rMaeng2, Seoul, Republic of Korea.

This Korean Edition Copyright ⓒ 2017 by Word of Life Press, Korea

이 한국어판의 저작권은 알맹2 에이전시를 통하여
Reformation Heritage Books 사와 독점 계약한 생명의말씀사에 있습니다.
신저작권법에 의하여 한국 내에서 보호 받는 저작물이므로 무단 전재와 무단 복제를 금합니다.

예수께서
선포하신

그 복음

ⓒ 생명의말씀사 2017

2017년 3월 30일 1판 1쇄 발행
2023년 12월 1일   6쇄 발행

펴낸이 | 김창영
펴낸곳 | 생명의말씀사

등록 | 1962. 1. 10. No.300-1962-1
주소 | 서울시 종로구 경희궁1길 6 (03176)
전화 | 02)738-6555(본사) · 02)3159-7979(영업)
팩스 | 02)739-3824(본사) · 080-022-8585(영업)

기획편집 | 박미현, 유영란
디자인 | 김혜진
인쇄 | 예원프린팅
제본 | 다온바인텍

ISBN 978-89-04-16584-1 (03230)

저작권자의 허락 없이 이 책의 일부 또는 전체를
무단 복제, 전재, 발췌하면 저작권법에 의해 처벌을 받습니다.

예수께서
선포하신

그 복음

CONTENTS

01	복음이란 무엇인가?	• 8
02	하나님은 누구신가?	• 11
03	인간은 누구인가?	• 20
04	인간이 처한 심각한 곤경	• 25
05	하나님의 해결책: 예수	• 27
06	그리스도의 승리	• 43

THE GOSPEL OF JESUS CHRIST

07 우리가 해야 할 일 • 46

08 회개: 마음의 변화 • 48

09 신앙: 믿음 그 이상 • 57

10 구원의 확신: 열매 • 66

11 그러면 어떻게 살 것인가? • 78

12 우리의 기대와 기도 • 84

THE GOSPEL OF
JESUS CHRIST

예수께서
선포하신

그복음

01

복음이란 무엇인가?

기독교의 핵심 메시지는 예수 그리스도의 **복음**이다. 복음은 **"좋은 소식"**이라는 뜻인데, 기독교가 전하는 이 복음은 시대를 초월한 가장 좋은 소식이다!

기독교는 **인간의 가장 중대한 문제에 대해 유일한 해결책**을 제시한다. 세상에 교육 프로그램과 정당, 심리치료들이 많지만, 무엇도 인간의 그 깊은 문제를 해결하지 못한다. 인간의 지식은 많은 유익을 가져오지만, 모두 한때에 불과하다. 역사를 보라. 세상의 깊은 죄와 만연한 부패를 인간 지식이 해결한 적이 있는가?

그런데 하나님께서 오셔서 우리를 위해 승리하셨다. 이것이 복음이다.

복음이 좋은 소식인 까닭은, 하나님이 그의 백성을 위해 하신 일과 하실 일을 말하기 때문이다. 우리가 한 일이나 할 수 있는 일이 아니다. 도무지 가망 없는 세상에 하나님이 개입하셨다고 복음은 선언한다.

복음은 **예수 그리스도께서 오셨다**는 기쁜 소식을 선포한다.

약 이천 년 전, 로마 제국이 절정에 달했을 때 하나님은 그의 아들을 인간 역사 속으로 보내셨다. **인간을 그들의 죄와 비참함에서 구원하려는 것**이었다.

그리스도는 성령으로 동정녀에게 잉태되셨고, 하나님이신 동시에 사람이신 나사렛 예수로 태어나셨다. 타락한 인간의 죄를 담당하신 **예수님은 우리를 대신해 자신의 생명을 제물로 드리셨다.**

하나님의 공의는 죄인들의 죗값을 요구했다. 예수님의 죽음이 이를 만족시켰고, 의로우신 하나님은 그로써 인간을 용서하시게 되었다.

예수님은 죽은 지 사흘만에 부활하셨다. 예수님의 부활은 그분이 하나님의 아들이시라는 증거이다. 또 우리 죄의 빚을 예수님이 죽음으로 완전히 갚으셨고, 이를 하나님이 인정하셨다는 증거이다.

**이제 예수 그리스도를 믿고
그분이 하신 일을 믿는 모든 사람은,
완전히 용서받고
하나님과 화목하며
영원한 생명을 얻는다.**

구원이라는 이 위대한 일을 통해 하나님은 자신이 누구신지 우리에게 보이셨다.

02

하나님은 누구신가?

복음을 이해하려면 하나님을 이해해야 한다. 하나님은 우리 주변에 있는 비인격적인 힘이나 에너지가 아니다. **인격적인 창조주이시며 만물의 주인**이시다(창세기 1장).

유일하신 참 하나님은 삼위일체, 즉 성부, 성자, 성령으로 존재하신다(마 3:16-17; 28:19). 세 분은 서로 구별되지만, 셋이 아닌 한 분이시다(요 10:30-33).

삼위일체이신 하나님은 같은 신적 특성, 하나의 신적 본질을 가지신다. 하나님이 지니신 특성과 본질 때문에 죄인이 구원을 받으려면 죄에 대한 제물이 필요하다.

우리는 삼위일체 하나님을 알아야만 예수님이 왜 죽으셔야 했는지 이해할 수 있다.

하나님은 사랑이시다(요일 4:8)

하나님이 값없이, 이기심 없이 우리를 위해 자신을 내주신 것은 그분이 사랑이시기 때문이다.

사랑은 하나님의 태도나 감정 또는 하시는 일이 아니다. **사랑은 하나님의 속성, 즉 하나님의 존재이며 본질이다.** 하나님은 사랑하실 뿐 아니라, 그분이 곧 사랑이시다.

하나님이 사랑의 본질이시다. 그래서 모든 참된 사랑은 사랑의 궁극적인 근원이신 하나님으로부터 흘러나온다.

하나님의 사랑과 종종 연결되는 말이 있다. 자비, 은혜, 인내, 은총 등이 그렇다. 우리가 어떤 말을 듣고 또 생각하든 성경은 변함없이 이렇게 증거한다.

하나님은 사랑이시다!

"사랑하지 아니하는 자는 하나님을 알지 못하나니
이는 **하나님은 사랑이심이라**"(요일 4:8).

"여호와는 긍휼이 많으시고 은혜로우시며
노하기를 더디 하시고 인자하심이 풍부하시도다"
(시 103:8; 참조, 출 34:6; 시 86:15; 145:8).

"그러나 여호와께서
기다리시나니 이는 너희에게 은혜를 베풀려 하심이요
일어나시리니 이는 너희를 긍휼히 여기려 하심이라
대저 여호와는 정의의 하나님이심이라
그를 기다리는 자마다 복이 있도다"(사 30:18).

"온갖 좋은 은사와 온전한 선물이
다 위로부터 빛들의 아버지께로부터 내려오나니
그는 변함도 없으시고 회전하는 그림자도 없으시니라"
(약 1:17).

하나님은 거룩하시다(사 6:3)

거룩하다는 말은 "구별되다", "점찍어 두다", "따로 두다"라는 뜻이다. 이 말은 하나님에 대한 중요한 두 가지 의미를 나타낸다.

첫째, 하나님은 그가 창조하신 **모든 것과는 차원이 다른, 완전히 구별되는 분**이시다. 하늘과 땅에 있는 모든 것은 아무리 대단해도 피조물일 뿐이다. 오직 하나님만이 구별되며, 모든 것을 초월하고, 무엇과도 비교될 수 없으시다. 즉 그분은 하나님이시다.

둘째, 하나님은 **도덕적으로 부패하거나 속되며 죄악된 모든 것과 구별**되신다. 하나님은 죄를 범하실 수 없으며, 죄를 즐거워하실 수 없고, 죄와 관계를 맺으실 수도 없다.

"서로 불러 이르되 거룩하다 거룩하다 거룩하다
만군의 여호와여 그의 영광이 온 땅에 충만하도다 하더라"
(사 6:3).

"**하나님은 빛이시라**
그에게는 어둠이 조금도 없으시다"(요일 1:5).

"주께서는 눈이 정결하시므로
악을 차마 보지 못하시며
패역을 차마 보지 못하시거늘"(합 1:13).

"사람이 시험을 받을 때에
내가 하나님께 시험을 받는다 하지 말지니
하나님은 악에게 시험을 받지도 아니하시고
친히 아무도 시험하지 아니하시느니라"(약 1:13).

"주는 죄악을 기뻐하는 신이 아니시니
악이 주와 함께 머물지 못하며"(시 5:4).

하나님은 의로우시다

의롭다는 말은 하나님의 도덕적 탁월함을 가리킨다.

성경에 의하면, 하나님은 절대적으로 의로우시다. 하나님은 무엇을 하든 항상 자신의 본성과 완전히 일치하신다. **하나님의 본성이나 하시는 일에는 그릇되거나 잘못된 점이 전혀 없다.**

하나님은 잘못을 하지 않으시기에 잘못했다는 비난을 방어할 필요조차 없으시다. 하나님이 하시는 일과 작정, 판단은 절대적으로 완전하다.

"여호와는 의로우사 의로운 일을 좋아하시나니
정직한 자는 그의 얼굴을 뵈오리로다"(시 11:7).

"그는 반석이시니
그가 하신 일이 완전하고 그의 모든 길이 정의롭고
진실하고 거짓이 없으신 하나님이시니
공의로우시고 바르시도다"(신 32:4).

하나님의 의로우심은 하나님의 성품뿐 아니라 그분과 피조물의 관계, 특히 인간과의 관계를 설명하는 말이다.

하나님은 자신이 만드신 창조물을 통해(롬 1:20, 32) 그리고 사람들의 양심을 통해(롬 2:14-16) 모든 사람에게 자신의 뜻을 알리신다. 하나님은 특히 그의 말씀, 즉 성경을 통해 자신의 뜻을 가장 분명히 계시하셨다(시 19:7-11).

하나님은 계시하신 것을 기준으로 **모든 사람을 심판하실 것이다. 하나님의 엄격한 공의와 공평에 따라** 모든 사람이 심판을 받을 것이다. 선한 일을 한 자는 상을, 악한 일을 한 자는 벌을 받을 날이 반드시 올 것이다.

"여호와께서 영원히 앉으심이여
심판을 위하여 보좌를 준비하셨도다
공의로 세계를 심판하심이여
정직으로 만민에게 판결을 내리시리로다"
(시 9:7-8).

**"하나님은 모든 행위와 모든 은밀한 일을
선악 간에 심판하시리라"**
(전 12:14; 참조. 잠 5:21; 15:3; 히 4:13).

"나 여호와는 심장을 살피며 폐부를 시험하고
각각 그의 행위와 그의 행실대로 보응하나니"
(렘 17:10; 참조. 히 9:27).

인간에 대한 하나님의 심판은 잔인한 일도, 이해할 수 없는 일도 아니다.

**하나님은 의로우시기에
인간을 심판하실 수밖에 없다.**

심판은 하나님의 통치에 있어 필수적이다. 악한 자를 심판하지 않는다면 하나님을 선하고 의롭다 할 수 있는가? 그분을 사랑이라고 할 수 있는가? 악이 억제되지도 심판받지도 않는다면 피조물은 스스로 멸망하고 말 것이다.

당신은 사랑이시며 거룩하시고 의로우신 하나님을 만나 보았는가? 하나님에 대해 말하는 것과, 성경에서 하나님의 영광을 만나는 것은 전혀 별개이다.

하나님을 진정으로 알면, 인간이 얼마나 가치 없는 존재인지 알게 된다. 하나님의 거룩하심을 조금이라도 본다면, 우리는 모두 비참하게 낮아져 자신의 무가치함을 깨닫게 될 것이다.

그분은 전능한 하나님이시지만, 우리는 하나님께 창조된 그때부터 다만 형상이며 종에 불과했다. **그런데 우리는 범죄하여 더 낮은 곳으로 떨어졌다.**

03
인간은 누구인가?

복음을 알고 이해하려면 하나님뿐 아니라 **우리가 어떤 존재인지도 알아야 한다.** 그런데 성경은 우리에 대해 듣기 좋고 기분 좋은 말을 하지 않는다. 성경은 정확하게 말한다.

인간은 도덕적으로 부패했다

죄에 빠지기 전, 인간은 원래 고귀한 상태였지만 지금은 절망적인 상태이다. 인간은 선하게 지음을 받았지만(창 1:26, 31), 영적인 죽음에 빠지고 말았다(엡 2:1).

이제 우리는 본질상 도덕적으로 부패하여 악으로 치닫고, 의로우신 하나님께 적대적인 태도를 취한다.

"내가 깨달은 것은 오직 이것이라
곧 하나님은 사람을 정직하게 지으셨으나
사람이 많은 꾀들을 낸 것이니라"(전 7:29).

"만물보다 거짓되고 심히 부패한 것은 마음이라
누가 능히 이를 알리요마는"(렘 17:9).

"마음에서 나오는 것은
악한 생각과 살인과 간음과 음란과
도둑질과 거짓 증언과 비방이니"(마 15:19).

"**무릇 우리는 다 부정한 자 같아서**
우리의 의는 다 더러운 옷 같으며
우리는 다 잎사귀 같이 시들므로
우리의 죄악이 바람 같이 우리를 몰아가나이다"(사 64:6).

"육신의 생각은 하나님과 원수가 되나니
이는 하나님의 법에 굴복하지 아니할 뿐 아니라
할 수도 없음이라"(롬 8:7).

이 성경 구절들을 읽으며 마음이 상했을 수 있다. 그러나 이러한 지적은 역사가 증명하는 사실이다. 우리가 자신에게 정직하다면, 자신의 생각과 말과 행동을 볼 때 이 구절들이 진실하다고 인정할 수밖에 없다. **우리는 생각과 말과 행동으로 하나님이 주신 거룩한 법을 끊임없이 어긴다**(출 20:1-7; 참조 마 5:21-48).

인간은 모두 죄인이며, 정죄를 받는다

우리는 안에서부터 도덕적으로 부패했다. 그래서 거룩하고 공의롭고 사랑이신 하나님의 의로운 기준을 어긴다.

다시 말해 우리는 모두 다 예외 없이 본질상 죄인이며, 죄를 저지르기에 죄인이다. 우리는 모두 다 죄가 있고, **하나님 앞에서 핑계를 댈 수 없다.**

"모든 사람이 죄를 범하였으매
하나님의 영광에 이르지 못하더니"(롬 3:23).

"범죄하지 아니하는 사람이 없사오니"(왕상 8:46).

"기록된 바 의인은 없나니 하나도 없으며
깨닫는 자도 없고 하나님을 찾는 자도 없고
다 치우쳐 함께 무익하게 되고
선을 행하는 자는 없나니 하나도 없도다"(롬 3:10-12).

"우리가 알거니와 무릇 율법이 말하는 바는
율법 아래에 있는 자들에게 말하는 것이니
이는 모든 입을 막고 온 세상으로
하나님의 심판 아래에 있게 하려 함이라"(롬 3:19).

"여호와여 주께서 죄악을 지켜보실진대
주여 누가 서리이까"(시 130:3).

자신을 살펴보라. **당신은 죄인인가?**

이는 실수를 저지른 적 있느냐 하는 질문이 아니다. 당신이 저지른 몇 가지 잘못을 시인하라는 정도의 물음도 아니다.

당신은 마음이 악하며 하나님의 법을 깨뜨리지 않는가?

핑계하려 하지 말라. 본래 선한 사람인 척하지도 말라. 그러면 예수님이 당신을 위해 할 일이 없어진다. 예수님은 죄인을 위해 오셨기 때문이다.

그러나 당신이 회개하는 마음으로 죄를 인정한다면, 하나님의 지혜가 이 커다란 문제를 아주 놀라운 방법으로 해결할 것이다.

04

인간이 처한 심각한 곤경

하나님의 거룩하심과 의로우심을 알면 위로가 된다. 우주의 전능한 통치자가 악하다면 정말 끔찍할 것이다. 그런데 생각해 보라. 하나님의 절대적인 선하심이 우리에게 문제가 되지는 않는가?

선하신 하나님은 선하지 않은 우리를 과연 어떻게 하시겠는가?

선하고 의로우신 하나님은
자기중심적이며 악을 좋아하고 불순종하는 인간을
어떻게 하시겠는가?

온 땅의 재판관께서 우리를 공의로 다루신다면 우리는 어떻게 되겠는가?

모두 정죄당하지 않겠는가?

이는 모든 종교와 철학적 딜레마 가운데 가장 어려운 문제로 이어진다.

**의로우신 하나님이,
정죄받아 마땅한 인간을 용서하시는 일이
가능한가?**

악한 자를 의롭다 한다면, 하나님을 모독하는 일이 된다(잠 17:15). 그렇다면 주님은 어떻게 우리 같은 죄인을 의롭다 하시면서 여전히 의로우실 수 있을까?(롬 3:26)

05

하나님의 해결책 : 예수

하나님의 공의는 죄인을 반드시 정죄해야 한다. 아무 대가 없이 하나님이 죄인을 용서한다면, 공의와 타협한 것이 되고 만다. 우리는 이 가장 큰 딜레마에 대한 해답을 오직 복음에서 찾을 수 있다.

하나님은 공의로 인간을 정죄하셨고, 그분께 대항하는 우리의 죄를 완전히 갚으라고 요구하셨다.

**그런데 하나님은 또한 사랑으로
우리 죄를 대신 지셨으며,
우리가 받을 형벌을 담당하셨고,
우리 대신 죽으셨다.**

우리 죄에 대한 배상을 공의로 요구하신 바로 그 하나님이, 우리 대신 자신을 내주심으로써 우리가 갚아야 할 배상을 대신 갚으셨다.

그렇다. 바로 **이 때문에 복음은 진정으로 기쁜 소식이 된다!**

예수 그리스도

우리를 향한 아버지의 사랑은 우리 죄를 위해 그의 아들을 제물로 내주셨다. 우리를 향한 아들의 사랑은 우리를 위해 자신을 기꺼이 내주셨다.

"하나님이 세상을 이처럼 사랑하사 독생자를 주셨으니
이는 그를 믿는 자마다 멸망하지 않고
영생을 얻게 하려 하심이라"(요 3:16).

"하나님은 사랑이심이라
하나님의 사랑이 우리에게 이렇게 나타난 바 되었으니

하나님이 자기의 독생자를 세상에 보내심은
그로 말미암아 우리를 살리려 하심이라
사랑은 여기 있으니
우리가 하나님을 사랑한 것이 아니요
하나님이 우리를 사랑하사
우리 죄를 속하기 위하여
화목제물로 그 아들을 보내셨음이라"
(요일 4:8-10).

"사람이 친구를 위하여 자기 목숨을 버리면
이보다 더 큰 사랑이 없나니"(요 15:13).

십자가의 의미

하나님의 아들이신 예수 그리스도는 십자가에서 그의 백성의 죄를 위한 제물로 자신을 드리셨다.

대부분의 역사가들은 십자가를 인류가 고안한 가장 잔인

한 고문 기구로 여긴다. 십자가의 잔인함은 두 가지 중요한 사실을 보여 준다.

첫째, 하나님을 향한 우리의 적대감이 얼마나 큰지 보여 준다. 하나님은 세상을 크게 사랑하셔서 독생자를 주셨지만, 세상은 하나님을 너무도 미워하여 그를 가장 악한 형태의 고문과 죽음에 넘겼다.

둘째, 하나님에 대한 우리의 죄가 얼마나 큰지 보여 준다. 하나님에 대한 우리의 죄악은 너무나 통탄스럽기에 우리가 받아야 할 형벌 또한 매우 엄중하다. 그래서 하나님의 아들은 말로 다 할 수 없는 고난과 죽음을 당하심으로써 죗값을 갚으셔야만 했다!

그리스도는 십자가에서 육체적 고통과 죽음을 당하셔야 했다. 우리는 그가 받으신 고통이 무엇이었는지 알아야 한다. 그 고통은 가장 악한 인간이 가할 수 있는 가장 잔인한 고통 그 이상이었다.

즉 그리스도는 십자가에서 하나님의 심판을 받으신 것이다!

하나님의 공의는 우리 죄에 대한 배상을 요구했고, 그분의 진노는 우리를 향해 불타올랐다. **하나님의 공의를 만족시키고 그분의 진노를 풀려면, 그리스도께서 우리가 받아야 할 심판을 받으셔야 했다.** 그래서 그는 우리의 죄를 지고 우리 대신 저주를 받아 하나님께 버림받으셨다. 그가 우리에 대한 하나님의 진노를 모두 감당하셨다.

1. 그리스도께서 우리 죄를 지셨다.

우리의 죄는 십자가에서 그리스도께 전가되었다. 곧 하나님이 우리의 죄를 그리스도께로 옮기고 그의 죄로 여기셨다는 뜻이다. 그 결과 그리스도는 하나님의 심판대 앞에서 유죄를 선언받고 죄인으로 취급당하셨다.

> "우리는 다 양 같아서 그릇 행하여 각기 제 길로 갔거늘
> 여호와께서는 우리 모두의 죄악을
> 그에게 담당시키셨도다"(사 53:6).

"하나님이 죄를 알지도 못하신 이를
우리를 대신하여 죄로 삼으신 것은
우리로 하여금 그 안에서
하나님의 의가 되게 하려 하심이라"(고후 5:21).

2. 그리스도께서 우리가 받아야 할 저주를 받으셨다.

하나님의 저주를 받는다는 것은 하나님이 불쾌하게 여기시며 심판을 내리는 대상이 된다는 뜻이다. 우리는 모두 우리 죄 때문에 하나님의 저주 아래 있었다. 그리스도는 우리를 그 저주에서 구하고자 우리 대신 저주를 받고 우리가 받아야 할 하나님의 심판을 당하셨다. 그렇게 그가 우리를 구속하셨다. 다시 말해 그리스도께서 하나님의 공의를 만족시키고자 우리가 치러야 할 값을 대신 치르셨다. 그를 믿는 모든 사람을 해방시키기 위해 말이다.

"무릇 율법 행위에 속한 자들은 저주 아래에 있나니
기록된 바 누구든지 율법 책에 기록된 대로
모든 일을 항상 행하지 아니하는 자는
저주 아래에 있는 자라 하였음이라"(갈 3:10).

"그리스도께서 우리를 위하여 저주를 받은 바 되사
율법의 저주에서 우리를 속량하셨으니
기록된 바 나무에 달린 자마다
저주 아래에 있는 자라 하였음이라"(갈 3:13).

3. 그리스도께서 우리 대신 하나님께 버림을 당하셨다.

우리의 죄가 부른 가장 끔찍한 결과는 우리가 하나님에게서 분리된 것, 즉 하나님의 은혜로운 임재와 교제에서 단절된 것이다.

"오직 너희 죄악이
너희와 너희 하나님 사이를 갈라 놓았고
너희 죄가 그의 얼굴을 가리어서
너희에게서 듣지 않으시게 함이니라"(사 59:2).

그리스도는 이러한 영원한 분리에서 우리를 구하기 위해 갈보리에서 우리 죄를 지고 우리 대신 하나님께 버림을 당하셔야 했다.

"제구시쯤에 예수께서 크게 소리 질러 이르시되
엘리 엘리 라마 사박다니 하시니
이는 곧 나의 하나님, 나의 하나님,
어찌하여 나를 버리셨나이까 하는 뜻이라"(마 27:46).

4. 그리스도께서 우리 대신 하나님의 진노를 당하셨다.

인간의 끊임없는 악 때문에 하나님이 인간에게 진노하셨다고 성경은 가르친다. 듣기 불편하겠지만 사실이다. 시편 7편 11절은 "하나님은 의로우신 재판장이심이여 매일 분노하시는 하나님이시로다"라고 말한다.

하나님은 감정을 다스릴 수 없어 진노하시는 게 아니다. **하나님의 진노는 불합리하지도 이기적이지도 않다. 오히려 그의 거룩하심과 의로우심, 선한 것에 대한 사랑이 원인이다.**

하나님은 죄를 미워하셔서 죄에 대해 엄청나게 진노하신다. 하나님이 인간에게 진노하시는 것은, 인간이 하나님의 주권에 도전하고 그의 뜻을 어기며 하나님를 악으로 여겼기 때문이다.

모든 사람이 죄를 지었기에 하나님의 진노를 피할 수 없다.
그런데 우리가 받아야 할 하나님의 진노의 잔을 그리스도께서 사랑으로 한 방울 남김없이 마시셨다. 그래서 우리에 대한 하나님의 공의를 완전히 충족하셨다.

"이스라엘의 하나님 여호와께서 이같이 내게 이르시되
너는 내 손에서 이 진노의 술잔을 받아가지고
내가 너를 보내는 바 그 모든 나라로 하여금 마시게 하라"
(렘 25:15).

"다시 두 번째 나아가 기도하여 이르시되
내 아버지여 만일 내가 마시지 않고는
이 잔이 내게서 지나갈 수 없거든
아버지의 원대로 되기를 원하나이다 하시고"(마 26:42).

"그는 실로 우리의 질고를 지고
우리의 슬픔을 당하였거늘 우리는 생각하기를
그는 징벌을 받아 하나님께 맞으며
고난을 당한다 하였노라

그가 찔림은 우리의 허물 때문이요

그가 상함은 우리의 죄악 때문이라

그가 징계를 받으므로 우리는 평화를 누리고

그가 채찍에 맞으므로 우리는 나음을 받았도다"

(사 53:4-5).

5. 그리스도께서 우리 대신 죽으셨다.

우리의 불의를 하나님께서 심판하실 거라는 가장 큰 증거가 있다. 바로 육체적인 죽음, 다시 말해 육체와 영혼의 분리이다.

아담 때부터 지금까지 모든 사람은 죽는다는 끔찍하면서도 부인할 수 없는 사실을 우리는 직면한다(롬 5:12). 성경은 죽음이 창조 때부터 있었던 본래적인 것은 아니라고 가르친다. 오히려 죽음은 죄 때문에 인간에게 내려진 하나님의 심판이다. 그리스도는 우리를 죽음의 권능에서 구원하기 위해 우리 대신 죽으셔야 했다.

"죄의 삯은 사망이요"(롬 6:23).

"예수께서 큰 소리로 불러 이르시되
아버지 내 영혼을 아버지 손에 부탁하나이다 하고
이 말씀을 하신 후 숨지시니라"(눅 23:46).

"그리스도께서도 단번에 죄를 위하여 죽으사
의인으로서 불의한 자를 대신하셨으니
이는 우리를 하나님 앞으로 인도하려 하심이라
육체로는 죽임을 당하시고
영으로는 살리심을 받으셨으니"(벧전 3:18).

그리스도는 순교자로 죽으신 것이 아니다. 죄 있는 인간의 구속자로 죽으셨다. 그는 숨을 거두기 전에 "다 이루었다!"(요 19:30)라고 선언하셨다. 이 말씀은 **그가 고난과 죽음을 통해 자신을 믿는 자들의 죄를 완전히 갚으셨다**는 의미이다.

그리스도께서 죄인들을 위해 죽으셨다고 믿는가? 믿지 못하겠다면, 거짓말을 하실 수 없는 하나님의 말씀을 거스르는 것인가? 믿는다면, 이 위대한 진리가 당신에게 어떤 영향을 끼쳤는가?

당신은 십자가에 못 박히신 주님께 얼마나 관심이 있는가? 그리스도의 십자가를 핑계로 악하고 부도덕한 삶을 살지는 않는가? 그리스도의 죽음을 진심으로 이해했다면, 이제는 당신 자신을 위해서가 아니라 당신을 위해 죽으시고 부활하신 분을 위해 살아야겠다는 마음이 들 것이다.

하나님이 당신의 눈을 열어 십자가에 담긴 그의 지혜와 능력을 보게 하신다면, 당신은 반드시 이전의 삶을 버리고 부활하신 그리스도를 따르게 될 것이다.

부활의 의미

그리스도께서는 자기 백성의 죄를 위해 죽으셨을 뿐만 아니라 **사흘만에 죽은 자 가운데서 부활하셨다**고 성경은 증거한다.

예수 그리스도의 부활은 기독교의 기초이다. 만일 그리스도가 부활하지 않았다면, 복음은 수많은 신화 가운데 하나와

다르지 않으며, 우리의 믿음도 헛될 것이다(고전 15:14). 그러나 그리스도의 부활은 역사적 사실이다. 이는 그가 우리를 위해 되셨고 또 하셨다고 말하는 모든 것을 입증한다.

1. 부활은 예수님이 하나님의 아들이라는 증거이다.

요한복음 2장 18-19절에서 유대교 지도자들은 예수님께 그가 성전을 청결케 할 권위가 있음을 나타내는 표적을 보이라고 요구했다. 예수님은 "이 성전을 헐라 내가 사흘 동안에 일으키리라"라고 대답하셨다.

로마서 1장 4절에서 사도 바울은 "성결의 영으로는 죽은 자들 가운데서 부활하사 능력으로 하나님의 아들로 선포되셨으니 곧 우리 주 예수 그리스도시니라"라고 썼다. 이는 예수님이 부활하심으로 하나님의 아들이 되셨다는 뜻이 아니다. 예수님이 부활하심으로써 그가 하나님의 영원한 아들임을 아버지께서 입증하셨다는 뜻이다.

2. 부활은 그리스도의 죽음이 우리의 죗값을 완전히 치렀다고 하나님께서 인정하셨다는 증거이다.

로마서 4장 25절은 이렇게 말한다. "예수는 우리가 범죄한 것 때문에 내줌이 되고 또한 우리를 의롭다 하시기 위하여 살아나셨느니라." 다시 말해 이 말씀은, 하나님의 공의를 만족시키고자 예수 그리스도께서 죽으셨고 이로써 신자들이 용서받아 하나님 앞에 서도록 하나님이 그를 다시 살리셨다는 뜻이다(칭의).

3. 부활은 신자들이 미래에 부활하리라는 증거이다.

요한복음 11장 25-26절에서 예수님은 "나는 부활이요 생명이니 나를 믿는 자는 죽어도 살겠고 무릇 살아서 나를 믿는 자는 영원히 죽지 아니하리니"라고 선언하셨다. 만일 예수님이 무덤에 머무셨다면 이 약속은 무효가 되었을 것이다.

예수님은 부활을 통해 죽음을 다스리는 권세를 보이셨다. 이는 예수님이 자기를 믿는 모든 자를 다시 살리실 능력을 가지셨다는 증거이다. 고린도전서 6장 14절에서 사도 바울은 "하나님이 주를 다시 살리셨고 또한 그의 권능으로 우리를 다시 살리시리라"라고 말했다.

4. 부활은 세상에 오직 한 분의 주와 재판장이 계시다는 증거이다.

성경은 그리스도가 부활하셨을 뿐 아니라, 하나님이 그를 모든 피조물의 주와 재판장으로 높이셨다고 가르친다.

사도 베드로는 예수님의 부활 후 행한 첫 설교에서 유대인들에게 "그런즉 이스라엘 온 집은 확실히 알지니 너희가 십자가에 못 박은 이 예수를 하나님이 주와 그리스도가 되게 하셨느니라"(행 2:36)라고 말했다. 사도 바울도 이 진리를 선포했다.

"이러므로 하나님이 그를 지극히 높여
모든 이름 위에 뛰어난 이름을 주사
하늘에 있는 자들과 땅에 있는 자들과
땅 아래에 있는 자들로
모든 무릎을 예수의 이름에 꿇게 하시고"(빌 2:9-10).

"하나님이 ……
어디든지 사람에게 다 명하사 회개하라 하셨으니

이는 정하신 사람으로 하여금
천하를 공의로 심판할 날을 작정하시고
이에 그를 죽은 자 가운데서 다시 살리신 것으로
모든 사람에게 믿을 만한 증거를 주셨음이니라 하니라"
(행 17:30-31).

부활이 가져다준 기쁜 소식은, 기독교가 단지 규칙을 나열한 목록이나 인생 철학이 아님을 보여 준다. 기독교는 어떤 토론거리나 고수해야 할 입장이 아니다.

기독교의 핵심은 살아계신 예수 그리스도이시다.

주 예수님은 오늘도 그분의 말씀인 성경을 통해 말씀하시며, 능력 있게 죄인을 구원하신다.

당신은 예수님을 만났는가?
예수님께서 그의 영광스러운 죽음과 부활을 통해 당신을 구원하셨는가?

06
그리스도의 승리

그리스도께서는 죽기 직전에 "다 이루었다!"(요 19:30)라고 선언하셨다. 이 짧은 말씀은 그리스도의 승리 선언이다.

그리스도는 자신의 죽음으로
인간을 구원하는 데 필요한 모든 것을 성취하셨다.
우리에 대한 하나님의 공의를 만족시켜서
하나님의 진노를 해소하셨다.

하나님은 공의로우신 동시에 악한 사람을 의롭게 하시는 분이다(롬 3:26). 그리스도의 십자가에서 "인애와 진리가 같이 만나고 의와 화평이 서로 입맞추었다"(시 85:10).

**이제 예수 그리스도와 그가 하신 일을 믿는 모든 사람은
하나님의 용서와 의롭다 하심을 얻는다.**

"그러므로 우리가 믿음으로 의롭다 하심을 받았으니
우리 주 예수 그리스도로 말미암아
하나님과 화평을 누리자 ……
그러므로 이제 **그리스도 예수 안에 있는 자에게는
결코 정죄함이 없나니**"(롬 5:1; 8:1).

"예수께서 이르시되
내가 곧 길이요 진리요 생명이니
나로 말미암지 않고는
아버지께로 올 자가 없느니라"(요 14:6).

"다른 이로써는 구원을 받을 수 없나니
**천하 사람 중에
구원을 받을 만한 다른 이름을
우리에게 주신 일이 없음이라** 하였더라"(행 4:12).

"하나님은 한 분이시요
또 하나님과 사람 사이에 중보자도 한 분이시니
곧 사람이신 그리스도 예수라"(딤전 2:5).

07
우리가 해야 할 일

이제까지 하나님이 죄 지은 인간을 위해 하신 일을 살펴보았다. 그렇다면 이제 하나님이 우리에게 바라시는 일을 알아볼 차례이다.

우리는 어떻게 구원을 얻는가? 성경은 인간에게 두 가지를 요구한다.

1) 자기 죄를 **회개**해야 한다.
2) 예수 그리스도와 그가 하신 일을 믿고 **신뢰**해야 한다.

"이르시되 때가 찼고
하나님의 나라가 가까이 왔으니
회개하고 복음을 믿으라 하시더라"(막 1:15).

"유대인과 헬라인들에게
하나님께 대한 회개와
우리 주 예수 그리스도께 대한 믿음을
증언한 것이라"(행 20:21).

08
회개 : 마음의 변화

회개는 하나님이 주시는 선물로(행 11:18), **성령님이 죄인의 마음에 역사하신 결과 그 마음이 변화되는 것이다**(살전 1:5, 9).

우리의 마음은 지정의(知情意)라는 통제 센터를 따른다. 이 사실을 모른다면 마음의 변화를 피상적으로 이해하기 쉽다. 그러나 마음의 변화는 반드시 우리의 태도와 행위의 참된 변화로써 그 진정성을 입증받아야 한다.

좋은 예가 다소의 사울이다. 사울은 후에 사도 바울로 알려졌다. 그는 무지와 불신 가운데 나사렛 예수는 사기꾼이요 신성모독자이며, 그를 따르는 자는 모두 하나님의 원수로 죽어 마땅하다고 생각했다(행 9:1-2; 딤전 1:13). 그런데 그는 다메섹으로 가는 길에 부활하신 그리스도를 만났고(행 9:3-8), 자신이 그리스도께 저지른 잘못을 깨달았다.

사울은 그리스도를 신성모독자로 여겼지만, 사실 그리스도는 하나님의 아들이시요 약속된 메시아이시며 세상의 구주이셨다.

사울은 율법에 순종하여 의를 얻는다고 생각했지만, 사실 자기 안에는 선한 것이 전혀 없고(롬 7:18) 구원은 오직 하나님의 선물이었다(엡 2:8-9).

사울은 예수님의 제자들은 모두 이스라엘의 원수이므로 살려두면 안 된다고 생각했지만(행 8:1), 사실은 그동안 참 이스라엘을 핍박해 왔으며(갈 6:16) 살아계신 하나님의 아들딸들을 죽인 것이었다(롬 8:14-15).

자신만만하고 자기 의로 충만했던 바리새인 중의 바리새인 다소의 사울은 예수 그리스도를 만남으로써 자신의 잘못을 깨달았다. 그는 즉시 회개하고 회당에서 "예수는 하나님의 아들이라"(행 9:18-22)고 예수님을 선포하기 시작했다. 이 소식은 유대 온 교회에 퍼졌다. "우리를 박해하던 자가 전에 멸하려던 그 믿음을 지금 전한다"(갈 1:22-23).

바울의 마음이 변하자 그의 모든 것이 변했다!

생각의 변화

회개에는, **하나님의 말씀이 진리임을 인정하고 자신의 죄를 인정**하는 생각의 변화가 포함된다.

"**무릇 나는 내 죄과를 아오니
내 죄가 항상 내 앞에 있나이다**
내가 주께만 범죄하여 주의 목전에 악을 행하였사오니
주께서 말씀하실 때에 의로우시다 하고
주께서 심판하실 때에 순전하시다 하리이다"
(시 51:3-4).

"내 하나님 여호와께 기도하며 자복하여 이르기를
크시고 두려워할 주 하나님,
주를 사랑하고 주의 계명을 지키는 자를 위하여
언약을 지키시고 그에게 인자를 베푸시는 이시여
우리는 이미 범죄하여 패역하며 행악하며 반역하여
주의 법도와 규례를 떠났사오며"(단 9:4-5).

감정의 변화

자신의 죄와 죄악을 진심으로 인정하면, **진정한 뉘우침과 부끄러움, 심지어는 자신이 한 일에 대한 증오를 느낀다.** 한때 자신이 사랑했던 죄를 깊은 수치와 뉘우침으로 멸시하기 시작한다.

"거기에서 너희의 길과
스스로 더럽힌 모든 행위를 기억하고
이미 행한 모든 악으로 말미암아 스스로 미워하리라"
(겔 20:43).

"내가 돌이킨 후에 뉘우쳤고
내가 교훈을 받은 후에 내 볼기를 쳤사오니
이는 어렸을 때의 치욕을 지므로
부끄럽고 욕됨이니이다 하도다"(렘 31:19).

"내가 행하는 것을 내가 알지 못하노니
곧 내가 원하는 것은 행하지 아니하고
도리어 미워하는 것을 행함이라 ······
오호라 나는 곤고한 사람이로다
이 사망의 몸에서 누가 나를 건져내랴"(롬 7:15, 24).

**"내가 지금 기뻐함은 너희로 근심하게 한 까닭이 아니요
도리어 너희가 근심함으로 회개함에 이른 까닭이라**
너희가 하나님의 뜻대로 근심하게 된 것은
우리에게서 아무 해도 받지 않게 하려 함이라"
(고후 7:9).

"하나님께서 구하시는 제사는
상한 심령이라

하나님이여 상하고 통회하는 마음을
주께서 멸시하지 아니하시리이다"(시 51:17).

행동의 변화

그러나 생각이 달라지고 죄를 미워하는 감정이 생긴 것만으로는 정말 회개했는지 알 수 없다.

**진정한 회개는
바른 행동으로 증명되는 의지의 변화,
특히 죄에서 돌아서서
하나님께 돌아와 순종하는 행위가 나타난다.**

"그러므로 회개에 합당한 열매를 맺고"(마 3:8).

"회개하고 하나님께로 돌아와서
회개에 합당한 일을 하라"
(행 26:20).

"그들이 우리에 대하여 스스로 말하기를
우리가 어떻게 너희 가운데에 들어갔는지와
너희가 어떻게 우상을 버리고 하나님께로 돌아와서
살아 계시고 참되신 하나님을 섬기는지와
또 죽은 자들 가운데서 다시 살리신 그의 아들이
하늘로부터 강림하실 것을
너희가 어떻게 기다리는지를 말하니
이는 장래의 노하심에서 우리를 건지시는 예수시니라"
(살전 1:9-10).

자 기 점 검

나는
정말 회개했는가?

구원을 얻으려면 회개해야 한다. 당신은 정말 회개했는가? 다음 질문들은 당신이 정말 회개했는지 점검하는 데 도움을 줄 것이다.

■ **하나님에 대한 생각이 달라졌는가?**

당신이 아니라 하나님이 만물의 중심이 되셔야 함을 알겠는가? 하나님을 소홀히 한 일을 후회하는가? 하나님의 소중함을 인정하기 시작했는가? 하나님을 찾으며 알기 원하는가?

■ **죄에 대한 생각이 달라졌는가?**

죄는 사악하며, 하나님을 거스르는 끔찍한 범죄임을 알겠는가? 당신은 죄를 뉘우치며 부끄럽게 생각하는가? 당신은 죄의 형벌과 노예된 상태에서 해방되기를 원하는가? 죄를 고백하고 하나님께 자비를 구할 결심을 했는가?

■ **구원을 받는 법에 대한 생각이 달라졌는가?**

당신 자신의 공로로는 하나님께 돌아갈 수 없고, 오직 그리스도와 그가 하신 일을 통해서만 가능함을 완전히 인정하는가? 당신의 행위가 아무리 선해도 하나님 보시기에는 모두 더러운 옷과 같음을 인정하고, 자신의 의에 걸었던 희망을 모두 버렸는가?

이 질문들에 "예"라고 대답을 했다면, 그리고 이 일들이 당신의 삶에서 점차 발견된다면, 하나님이 당신의 마음속에서 일하시며 당신의 생각을 조명해 진리를 알게 하시고 구원에 이르는 회개를 허락하셨다는 증거이다.

이 질문들에 "예"라고 대답할 수 없지만 구원을 원한다면, 하나님의 말씀(성경)과 기도를 통해 계속 하나님을 찾아야 한다. 앞서 살펴본 성경 구절들을 다시 찾아보며 당신의 삶을 비추어보라.

계속 하나님께 부르짖으며 말씀 가운데 그를 찾으라.
그러면 하나님이 당신의 마음을 바꾸실 것이다.

09

신앙* : 믿음 그 이상

회개는 **구원을 얻는 신앙**으로 이어진다. 이 신앙은 **하나님의 존재를 믿는 것 이상**이다. 신앙에는 **하나님의 성품과 그의 말씀이 진실하다는 신뢰, 확신 또는 의지**가 포함된다.

성경은 "네가 하나님은 한 분이신 줄을 믿느냐 잘하는도다 귀신들도 믿고 떠느니라"(약 2:19)라고 말한다. 이 말씀에서 알 수 있듯 참된 신앙은 단순히 하나님의 존재를 믿는 것이 아니다. 이를 넘어서 하나님이 하신 말씀을 신뢰하고 의지하는 것이다.

---

* 여기서는 신앙(faith)과 믿음(belief)을 구별하여 사용한다. 그러나 성경과 대부분의 책에서는 이 두 가지가 혼용되고 있으므로 문맥에 맞추어 이해해야 할 것이다.
_역자주

성경의 정의

성경은 신앙을 "바라는 것들의 실상이요 보이지 않는 것들의 증거"(히 11:1)라고 정의한다. 그런데 여기서 아주 중요한 질문이 있다.

이성적인 사람이 과연 실제로 존재하는지 보지도 못한 것을 확신할 수 있을까? 어떻게 소망에 대해 확신을 가질 수 있을까?

답은 바로 그 사람이 하나님의 성품을 신뢰하고 성경을 신뢰하기 때문이다. 그가 신뢰하게 된 것은 모두 **성령님이 그의 마음에 역사하신 결과**이다.

우리는 죄에 대한 용서, 하나님과 화목함, 영원한 생명의 소망을 확신할 수 있다. 하나님이 성경에서 약속하셨으며(딛 1:2-3), 하나님의 성령이 우리 마음에 증언하시기 때문이다(요 16:13; 롬 8:14-16; 갈 4:6; 요일 2:20, 27).

신앙의 핵심

구원을 얻는 신앙은 특히,

**그리스도는 우리의 구주시며
하나님 앞에서 우리의 유일한 의가 되신다고
신뢰하는 것이다.**

참된 회개의 가장 큰 증거 하나는,

**죄에서 돌이킬 뿐 아니라
자신의 미덕과 공로,
하나님 앞에서 의로워지려는 노력에서도
돌아서는 것이다.**

참된 신앙은 우리가 행하는 개인적인 의와 선행은 모두 더러운 옷과 같음을 알고(사 64:6), 그것들로 구원을 받으려는 시도를 단호히 거부한다.

**우리가 하나님과 화목하게 되었다면,
우리가 하나님을 위해 무엇을 행했기 때문이 아니라,
예수 그리스도를 통해
하나님이 하신 위대한 일 때문이다.**

참으로 회개한 사람은 다음 성경 말씀에 전적으로 동의할 것이다.

"사람이 의롭게 되는 것은
율법의 행위로 말미암음이 아니요
오직 예수 그리스도를 믿음으로 말미암는 줄 알므로
우리도 그리스도 예수를 믿나니
이는 우리가 율법의 행위로써가 아니고
그리스도를 믿음으로써 의롭다 함을 얻으려 함이라
율법의 행위로써는 의롭다 함을 얻을 육체가 없느니라"
(갈 2:16).

"일하는 자에게는 그 삯이
은혜로 여겨지지 아니하고 보수로 여겨지거니와

일을 아니할지라도

경건하지 아니한 자를 의롭다 하시는 이를 믿는 자에게는

그의 믿음을 의로 여기시나니"(롬 4:4-5).

"너희는 그 은혜에 의하여

믿음으로 말미암아 구원을 받았으니

이것은 너희에게서 난 것이 아니요 하나님의 선물이라

행위에서 난 것이 아니니

이는 누구든지 자랑하지 못하게 함이라"(엡 2:8-9).

참된 신앙의 예

성경은 진정한 신앙이 무엇인지 놀라운 예를 보여 준다. 바로 아브라함의 삶을 통해서다.

하나님이 아브라함과 그 아내 사라에게 아들을 주겠다고 약속하셨을 때, 그들은 이미 아이를 갖기에는 너무 늙은 나이였다. 그런데 성경은 아브라함이 "약속하신 그것을 또한

능히 이루실 줄을 확신하였으니"(롬 4:21)라고 말한다. 아브라함은 하나님을 믿었고, 이 믿음이 그에게 의로 여겨졌다(롬 4:3).

진정한 신앙은 하나님에 대해, 우리에 대해, 예수 그리스도의 삶과 죽음, 부활을 통한 그의 구원 역사에 대해 하나님이 보여 주신 바를 믿고 의지하는 것이다. 믿음은, 하나님이 예수 그리스도를 통해 하신 약속을 진정으로 성취할 의지와 능력을 가지셨다고 온전히 확신하는 것이다.

다음 성경 구절들은 하나님의 약속을 잘 나타낸다.

"하나님이 세상을 이처럼 사랑하사
독생자를 주셨으니
이는 그를 믿는 자마다 멸망하지 않고
영생을 얻게 하려 하심이라"(요 3:16).

"영접하는 자 곧 그 이름을 믿는 자들에게는 하나님의 자녀가 되는 권세를 주셨으니"(요 1:12).

"내가 진실로 진실로 너희에게 이르노니
내 말을 듣고 또 나 보내신 이를 믿는 자는
영생을 얻었고 심판에 이르지 아니하나니
사망에서 생명으로 옮겼느니라"(요 5:24).

자 기 점 검

나는
정말 믿는가?

구원을 얻으려면 예수 그리스도를 믿어야 한다. 그렇다면 당신은 정말 예수 그리스도를 믿는가? 예수 그리스도와 그분이 하신 일을 믿고 신뢰하고 의지하는가? 다음 질문을 통해 당신이 진정한 신앙을 가졌는지 점검해 보라.

■ 구원은 오직 예수 그리스도에게만 있음을 확신하는가?

그리스도가 아니어도 구원을 받을 수 있다는 다른 모든 주장이 거짓임을 확신하는가? 당신의 영원한 안녕이 한 분 나사렛 예수의 능력과 신실하심에 달렸음을 신뢰하는가?

■ **구원은 당신의 덕이나 공로의 결과가 아님을 확신하는가?**

당신의 가장 의로운 행위도 하나님 앞에서는 더러운 옷과 같음을 확신하는가? 행위를 통해 구원을 얻을 가능성이 전혀 없음을 확신하는가?

■ **하나님의 아들이 당신을 당신의 죄에서 구원하실 거라고 온전히 신뢰하는가?**

그분이 당신에게 성경의 진리를 가르치고, 그의 피로 당신의 죄를 용서하며, 그의 성령으로 당신의 마음을 변화시킬 것을 의지하는가?

이 질문들에 "예"라고 대답했다면, 하나님이 당신의 마음에 역사하셨고 또 역사하고 계시다는 증거이다. 그래서 당신의 생각을 깨우치고 진리를 보게 하심으로 당신을 구원에 이르게 하셨다는 증거이다.

이 질문들에 "예"라고 대답하지 못했다면, **하나님의 말씀(성경)과 기도를 통해 하나님을 계속 찾아야 한다.** 앞에서 배운 내용을 다시 생각해 보고 거기에 비추어 자신을 점검해 보라. 하나님께서 불신을 극복하게 해 주시기를, 당신을 구원해 주시기를 계속 부르짖어야 한다.

성경은 **"누구든지 주의 이름을 부르는 자는 구원을 받으리라"**(롬 10:13)고 약속한다. 말씀을 통해 계속 하나님을 찾으라. 그러면 하나님의 성령께서 당신이 하나님의 자녀라는 확신을 주실 것이다.

"성령이 친히 우리의 영과 더불어
우리가 하나님의 자녀인 것을 증언하시나니"(롬 8:16).

"너희가 아들이므로
하나님이 그 아들의 영을 우리 마음 가운데 보내사
아빠 아버지라 부르게 하셨느니라"(갈 4:6).

10

구원의 확신 : 열매

자신을 그리스도인으로 칭하거나, 그리스도를 주라 고백하는 사람이 모두 하나님 나라에 들어가는 것은 아니다(마 7:21). 많은 사람이 심판의 날, 그리스도께서 자신을 모른다는 사실에 경악할 것이다(마 7:23). 이 불안한 사실은 다음과 같은 중요한 질문을 하게 한다.

그렇다면 우리가 진정으로 믿고 영원한 생명을 얻었는지 어떻게 아는가?

예수님의 **진정한 제자는 그들의 열매로 안다**(마 7:16, 19). 다시 말해 진정한 신앙에는 눈에 보이는 증거가 있다. 물론 **구원은 행위의 결과가 아니다. 그러나 행위는 구원의 증거이**

다. 야고보는 이렇게 말했다. "행함이 없는 네 믿음을 내게 보이라 나는 행함으로 내 믿음을 네게 보이리라 …… 영혼 없는 몸이 죽은 것 같이 행함이 없는 믿음은 죽은 것이니라"(약 2:18, 26).

구원은 하나님이 성령을 통해 우리 마음속에 재창조하시는 초자연적인 사역의 결과이다. 그래서 사도 바울은 "그런즉 누구든지 그리스도 안에 있으면 새로운 피조물이라 이전 것은 지나갔으니 보라 새 것이 되었도다"(고후 5:17)라고 기록했다.

**진심으로 그리스도를 믿는다면
우리는 참으로 새로운 피조물이며,
하나님을 알고 기쁘시게 하려는
새로운 소원을 품을 것이다.**

그래서 우리 안에 이루어진 하나님의 구원 사역을 점차 삶에 반영하며 살 것이다.

그렇다고 이 말이 신앙에 행위가 더해져야 구원을 얻는다는 뜻은 아니다. 우리의 행위로 구원을 지켜야 한다는 말도 아니다. 우리의 거듭남(요 3:3, 5)과 이어지는 삶 가운데 하나님께서 하시는 일(엡 2:10; 빌 1:6; 2:13)은 우리가 하나님의 자녀가 되었음을 나타내는 증거이다.

그리스도인으로서 우리는 죄와 큰 싸움을 한다. 심지어는 잠시 심각한 죄에 빠질 수 있다. 그러나 **우리가 진정으로 거듭났다면 그 상태에 머무를 수 없다. 회개하고 그리스도를 본받는 일에 계속 성장하려 할 것**이다. 우리 안에 선한 일을 시작하신 하나님이 그 일을 완성하실 것이기에 우리는 이를 확신할 수 있다.

회심의 증거

성경은 자신이 믿음 안에 있는가 시험해 보라고 가르친다(고후 13:5). 그러나 정확하게 시험하려면 바른 기준을 가져야 한다. 자기 자신이나 다른 사람의 의견을 따라 판단하는 것은 지혜롭지 못하다. 하나님의 말씀이 우리 믿음의 진정성을 판단하는 유일한 기준이다.

성경에는 특별히 이 목적을 위해 쓰인 책이 있다. 바로 요한일서다. 요한은 "내가 하나님의 아들의 이름을 믿는 너희에게 이것을 쓰는 것은 너희로 하여금 너희에게 영생이 있음을 알게 하려 함이라"(요일 5:13)라고 썼다.

요한일서는 **참된 그리스도인의 삶에 나타나는 특징**을 몇 가지 제시한다. 이런 특징이 삶에 나타난다면, 우리가 진정으로 그리스도를 알며 그의 능력으로 변화되고 있다는 증거이다. 이 진정한 회심의 표시는 다음과 같이 요약할 수 있다. 여기에 비추어 기도하는 마음으로 자신을 주의 깊게 점검해 보자.

1. **그리스도인은 빛 가운데 행한다**(요일 1:5-7).
그리스도인의 성품과 행위는 성경에 나타나는 하나님의 뜻을 점점 더 따라간다.

2. 그리스도인은 **죄에 민감하며 죄를 고백한다**(요일 1:8-10).

그리스도인이라고 전혀 죄를 짓지 않는 것은 아니다. 그러나 그리스도인은 죄를 경멸하고 죄와 맞서 싸운다. 그리스도인의 삶은 회개와 고백, 점진적 승리가 특징이다.

3. 그리스도인은 **하나님의 계명을 지킨다**(요일 2:3-4).

그리스도인은 의를 행하며(요일 2:29; 3:7, 10), 죄에 굴복하지 않는다(요일 3:4, 6, 8-9). 하나님의 뜻에 순종하며, 하나님의 기준을 지키지 못한 일을 고백하고 회개한다.

그렇다고 그리스도인이 하나님의 계명에 완전한 순종할 수 있다는 말은 아니다. 그의 삶의 방식이 하나님의 계명을 새롭게 그리고 점진적으로 이해하고 더욱더 순종하는 방향으로 나아간다는 의미이다.

4. 그리스도인은 **예수님이 행하신 대로 행하고자 한다**(요일 2:6).

진정한 제자는 자신의 선생과 같아지기를 강하게 열망한다

(마 10:25). 그리스도인은 모든 일에 그리스도를 본받기 원한다(고전 11:1; 엡 5:1). 그 결과 이 타락한 세상을 본받는 일이나 세상의 인정을 받는 일에 점점 관심이 줄어든다.

5. 그리스도인은 다른 그리스도인들을 사랑하며 그들과의 교제를 갈망하고 그들을 실제적으로 섬긴다(요일 2:9-11).

이것이 그가 구원을 받았다는 가장 큰 증거 가운데 하나이다(마 25:34-40; 요일 3:14-18).

6. 그리스도인은 점점 더 세상을 경멸하고 거부한다(요일 2:15-17).

여기서 "세상"은 하나님의 본성과 뜻을 반대하며 거스르는 타락한 현세대의 사상과 태도, 행위를 말한다.

7. 그리스도인은 그리스도와 그의 사도들을 통해 교회에 단번에 주신 신앙의 가르침과 행위를 이어간다(요일 2:19, 24; 유 3).

8. 그리스도인은 자신을 깨끗하게 한다(요일 3:3).

그리스도인은 점점 더 거룩해지기를 추구한다. 거룩은 도덕적 순결로서(고후 7:1; 딤전 4:7; 벧전 1:15-16), 악에서 분리될 뿐 아니라 하나님께 점점 더 다가가며 선을 붙드는 것이다.

9. 그리스도인은 예수님이 하나님의 아들 그리스도요 세상의 구주임을 믿고 고백한다(요일 2:22-23; 4:2, 13-15).

구원에 대한 그리스도인의 가장 크고 유일한 소망은 그리스도와 그가 하신 일에 있다. 그리스도인은 하나님이 그의 아들 예수 그리스도를 통해 주신 영생에 대한 증거를 믿는다(요일 5:10-12).

10. 그리스도인에게는 하나님께서 아버지의 마음으로 하는 사랑의 징계가 있다(히 12:5-11).

하나님은 자기 자녀가 계속 미성숙과 불순종 가운데 있도록 두지 않으신다. 오히려 그들을 징계하심으로써 하나님의 거룩하심에 동참하고 의의 열매를 맺게 하신다. 이것이 진정한 회심의 큰 특징이며 표시이다.

그리스도인이 얻는 특권

구원을 얻은 그리스도인이 누리는 유익을 제대로 정리하여 설명하려면 책 한 권을 써도 부족하다. 여기서는 그중 일부를 살펴보도록 하겠다.

1. 그리스도인은 거듭났다.

성경은 모든 사람이 영적으로 죽은 상태로 태어나며, 하나님을 사랑하지도 하나님께 순종하지도 않는다고 가르친다(롬 8:7; 엡 2:1). 그러나 그리스도를 믿는 자는 거듭난다(딛 3:5). 즉 그리스도인은 영적으로 살아났으며(엡 2:5), 그래서 새로운 생명을 얻는다(롬 6:4).

신자는 하나님을 기뻐하며, 하나님을 기쁘시게 하기 원하는 새 마음을 가진 새로운 피조물이다(겔 36:26-27; 고후 5:17; 요일 5:3). 이것이 "거듭난다"는 말의 진정한 의미이다(요 3:3; 참조, 요 3:5; 요일 5:1). 단지 우리가 우리의 마음을 바꾼 것이 아니다. 하나님이 우리의 본성을 바꾸셨다!

2. 그리스도인은 하나님 앞에서 의롭게 되었다(롬 5:1).

이 말은 곧 우리가 과거, 현재, 미래의 죄를 모두 용서받았을 뿐 아니라, 그리스도의 완전히 의로운 생명이 우리에게 전가되었다는 뜻이다. 다시 말해 그리스도의 의가 우리의 것으로 여겨졌다는 의미이다.

우리는 여전히 죄와 씨름하고 자주 넘어진다. 그러나 하나님은 우리를 법적으로 하나님 앞에서 의롭다 선언하시고, 우리를 의로운 자로 대해 주신다(롬 8:33-34; 고후 5:21).

3. 그리스도인은 하나님의 자녀로 입양되었다.

창조주요 주권자요 온 인류의 재판관이신 하나님이, 믿는 자들의 아버지가 되신다(갈 4:5; 엡 1:5). 우리는 그리스도를 믿음으로써 하나님의 가정으로 입양되어 자녀의 모든 특권을 누린다. 너무 놀라워 믿기지 않겠지만, 하나님은 자신의 아들처럼 우리를 사랑하신다(요 17:23).

또한 하나님은 미래에 우리가 유산을 받으리라는 담보로서 성령님을 우리에게 보내 주셨다(롬 8:15-16; 엡 1:13-14).

4. 그리스도인 안에는 하나님의 성령이 거하신다.

우리는 이 세상을 홀로 걷지 않는다. 그리스도께서 성령님을 보내 우리 안에 거하게 하셨기 때문이다(요 14:16-17).

성령님은 우리에게 그리스도를 증거하며 가르치고, 우리를 인도하고 도우며, 우리의 죄를 지적하고, 천국에서 신자를 기다리는 하나님의 충만함에 대한 보증이 되신다(요 14:16; 15:26; 16:7-8; 롬 8:14; 고후 1:22; 5:5; 엡 1:14; 요일 2:27).

예수 그리스도는 성령님을 통해 계속 우리의 임마누엘, 즉 "우리와 함께 계시는 하나님"이 되신다(사 7:14; 마 1:23).

5. 그리스도인은 영생을 얻었다.

예수 그리스도를 믿는 순간 우리의 영생이 시작된다(요 5:24). 영생은 단순히 양적으로 끝없이 오래 사는 삶이 아니다. 영생은 질적인 삶, 하나님과 교제하는 삶이기도 하다. 예수님은 "영생은 곧 유일하신 참 하나님과 그가 보내신 자 예수 그리스도를 아는 것이니이다"(요 17:3)라고 말씀하셨다.

6. 그리스도인은 하나님의 작품이다.

하나님이 우리를 의롭게 여기신다는 중요한 증거 하나는, 그가 계속해서 우리를 거룩하게 하신다는 것이다. 다시 말해 하나님이 우리 삶에 역사하셔서 우리를 거룩하게 하신다.

하나님은 우리 삶의 모든 것, 심지어 징계까지 다스리셔서 우리가 그리스도의 형상으로 변화되어 하나님이 예비하신 선한 일을 하게 하신다(롬 8:28-29; 엡 2:10; 히 12:5-11). 하나님이 우리를 변화시키고자 쉬지 않고 일하신다니, 얼마나 멋진 일인가! 사도 바울은 "너희 안에서 착한 일을 시작하신 이가 그리스도 예수의 날까지 이루실 줄을 우리는 확신하노라"(빌 1:6)라고 말했다.

7. 그리스도인은 영화될 것이다.

그리스도께서 부활하셨으므로, 우리도 죽은 자 가운데서 부활하여 그가 재림하실 때 영화롭게 될 것이다(롬 8:11, 17, 29-30). 이것이 그리스도인의 크고 확실한 소망이다.

우리의 유한한 몸이 그리스도의 영화로운 몸처럼 바뀔 것이다. 그때는 죄와 죽음과 부패가 없을 것이다(고전 15:53-

54; 빌 3:20-21; 살전 4:16-17). 우리는 오직 의로운 자만 거하는 새 하늘과 새 땅에서 주님과 함께 영원히 지낼 것이다(요 14:2; 살전 4:17; 벧후 3:13; 계 21:1-4, 22-27).

11
그러면 어떻게 살 것인가?

우리는 부르심에 합당하게 살아야 한다(엡 4:1). **그리스도의 형상을 본받아야 하며**(롬 8:29), **하나님이 예비하신 선한 일을 해야 한다**(엡 2:10). 우리는 하나님의 자비하심에 감사하며, 우리 삶을 거룩하고 하나님이 기뻐 받으시는 산 제물로 드려야 한다(롬 12:1-2). 우리가 이렇게 살도록 돕고자 성경이 제시하는 실제적인 지침들을 보자.

1. 성경을 공부한다.
우리는 하나님을 아는 지식과, 하나님이 그리스도 안에서 우리를 위해 하신 모든 일에 대한 지식, 우리 삶을 위한 하나님의 뜻을 아는 지식에서 자라나야 한다. 우리는 신앙이 강건해져야 하고, 순종을 격려 받아야 하고, 하나님의 형상을 본받아야 한다. 이는 오직 성경을 읽고 공부하고 암송하고 말씀에 순종함으로써만 이루어진다.

성경은 하나님의 영감으로 되었으며, 교훈과 책망과 바르게 함과 의로 교육하기에 유익하다(딤후 3:15-17). 그래서 우리는 부지런히 성경의 진리를 알고 삶에 적용해야 한다(딤후 2:15). 예수님은 "사람이 떡으로만 살 것이 아니요 하나님의 입으로부터 나오는 모든 말씀으로 살 것이라"(마 4:4)고 말씀하셨다.

2. 기도한다.

하나님은 성경을 통해 우리에게 말씀하시고, 우리는 기도를 통해 하나님께 말씀드린다.

우리 스스로는 아무것도 할 수 없다(요 15:4-5). 오직 그리스도의 능력을 의지하고, 기도로 우리의 필요를 그분께 알려야만 열매를 맺는다(요 15:7-8). 성경에는 기도의 필요성과 기도의 유익, 기도하는 사람을 위한 약속이 풍부하다(마 7:7-11; 눅 11:1-13; 약 4:2). 이 외에도 많은 이유가 있으니, 우리는 기도에 매진하면서 낙심하지 말아야 한다(눅 18:1; 골 4:2).

기도는 하나님과 교통하고 대화하는 것이다. 기도에는 경배와 찬양, 감사 그리고 하나님의 뜻이 우리 자신과 가족, 교회, 세상에서 이루어질 것에 대한 간구, 하나님이 그의 지혜로 우리의 필요를 채우실 것에 대한 간구, 죄에 대한 고백과 이길 힘에 대한 간구 등이 포함된다. 기도를 배우는 가장 좋은 방법은 성경을 공부하는 것이다. 그중 마태복음 6장 9-13절은 가장 유익한 기도의 모델 가운데 하나다.

3. 세례를 통해 공적으로 신앙을 고백한다.

우리는 오직 믿음으로 구원을 받지만, 그리스도는 믿음으로 구원받은 사람들이 공적으로 세례를 받아 그리스도와 하나 되고 그의 백성과 하나 되기를 명령하셨다(마 28:18-20; 행 8:36-37).

4. 성경적 교회와 교제한다.

하나님은 참된 신자가 모두 같은 마음을 가진 신자들의 공동체로 연합하기를 바라신다(히 10:23-25). 성경적 교회의 특징은 다음과 같다.

- 성경은 오류가 없다는 무오성과 성경만으로 충분하다는 충분성을 고수한다.
- 성경의 진리를 소중히 여기고 전하고 가르치려는 열정이 있다.
- 정통적 삼위일체 기독교 교리에 충실하다. 이는 종교개혁에서 나온 전통적 신앙고백에서 찾을 수 있다.
- 하나님의 고귀함을 알고, 인간의 죄성과 그 곤경을 인정한다.
- 그리스도와 그의 복음이 기독교 신앙의 중심임을 확신한다.
- 회개와 신앙, 거룩으로 인도하는 회심을 성경적으로 이해한다.
- 오락이나 감정이 아닌, 하나님을 경외하는 성경적 예배에 헌신한다.
- 지도자가 거룩하고 겸손하며 잘 가르치며, 그에게 맡겨진 신자들을 위해 삶을 내려놓고, 목회적 권징을 한다.

- 성경적 상담과 교회의 권징에 충실하다.
- 부족함을 알고 상한 마음을 가진다. 자기 교회를 건전하고 신실한 다른 교회보다 높이지 않고, 그리스도를 닮는 일과 거룩과 사랑을 진정으로 추구한다.
- 전도와 선교에 실제로, 가시적으로 헌신한다.
- 뜨겁게 기도하고자 모일 때 진정으로 하나님을 의지하는 모습이 나타난다.

5. 성화(거룩, 즉 그리스도를 닮아가는 일에서의 개인적인 성장)한다.

성경은 성화가 하나님의 뜻이라고 가르친다(살전 4:3; 히 12:14; 벧전 1:14-16). 성화가 우리 삶에서 이루어지려면 성경을 읽고 기도하며 경건한 신자들과 교제함으로써 하나님을 추구해야 한다. 그리고 세상의 악한 일들을 삼가 우리가 오염되지 않도록 해야 한다(고후 6:14-7:1).

6. 지역 교회에서 섬긴다.

성경은 모든 신자가 왕 같은 제사장이라고 가르친다(벧전 2:9). 우리 각 사람은 성령의 은사(능력)를 받았으며, 우리는 이를 지역 교회를 세우는 데 사용해야 한다(롬 12:4-8; 고전 12:4-7). 단순히 성경적인 교회에 참석만 해서는 안 된다. 우리의 능력대로 교회를 섬겨야 한다. 교회 사역은 목회자나 장로들만 하는 것이 아니다. 목회자는 모든 신자가 사역을 감당하도록 그들을 훈련해야 한다(엡 4:11-12).

7. 전도와 선교에 헌신한다.

하나님은 예수 그리스도의 복음이 모든 민족과 모든 사람에게 전파되기 바라신다(막 16:15; 눅 24:47). 그리스도께서 하신 이 명령을 지상 명령이라 한다(마 28:18-20). 모든 그리스도인은 자신의 은사에 따라 전도와 선교에 헌신해야 한다. 여기에는 신앙을 위해 핍박받는 사람을 보살피고, 궁핍한 사람을 도우며, 믿지 않는 사람에게 사랑을 베푸는 일이 포함된다(마 25:31-46; 갈 6:10; 히 13:3, 16; 약 1:27).

12
우리의 기대와 기도

평강의 하나님이 친히 너희를 온전히 거룩하게 하시고
또 너희의 온 영과 혼과 몸이
우리 주 예수 그리스도께서 강림하실 때에
흠 없게 보전되기를 원하노라.

_ 데살로니가전서 5장 23절

나의 기도를 적어 보십시오.

THE GOSPEL OF JESUS CHRIST

사명선언문

너희가 흠이 없고 순전하여……세상에서 그들 가운데 빛들로
나타내며 생명의 말씀을 밝혀 _ 빌 2:15-16

1. 생명을 담겠습니다
만드는 책에 주님 주신 생명을 담겠습니다.
그 책으로 복음을 선포하겠습니다.

2. 말씀을 밝히겠습니다
생명의 근본은 말씀입니다.
말씀을 밝혀 성도와 교회의 성장을 돕겠습니다.

3. 빛이 되겠습니다
시대와 영혼의 어두움을 밝혀 주님 앞으로 이끄는
빛이 되는 책을 만들겠습니다.

4. 순전히 행하겠습니다
책을 만들고 전하는 일과 경영하는 일에 부끄러움이 없는
정직함으로 행하겠습니다.

5. 끝까지 전파하겠습니다
모든 사람에게, 땅 끝까지, 주님 오시는 그날까지
복음을 전하는 사명을 다하겠습니다.

서점 안내

광화문점	서울시 종로구 새문안로 69 구세군회관 1층 02)737-2288 / 02)737-4623(F)
강남점	서울시 서초구 신반포로 177 반포쇼핑타운 3동 2층 02)595-1211 / 02)595-3549(F)
구로점	서울시 동작구 시흥대로 602, 3층 302호 02)858-8744 / 02)838-0653(F)
노원점	서울시 노원구 동일로 1366 삼봉빌딩 지하 1층 02)938-7979 / 02)3391-6169(F)
일산점	경기도 고양시 일산서구 중앙로 1391 레이크타운 지하 1층 031)916-8787 / 031)916-8788(F)
의정부점	경기도 의정부시 청사로47번길 12 성산타워 3층 031)845-0600 / 031)852-6930(F)
인터넷서점	www.lifebook.co.kr